Hans. Löschhorn

Rede auf Jacob Grimm

Hans. Löschhorn

Rede auf Jacob Grimm

ISBN/EAN: 9783743308589

Hergestellt in Europa, USA, Kanada, Australien, Japan

Cover: Foto ©Thomas Meinert / pixelio.de

Manufactured and distributed by brebook publishing software (www.brebook.com)

Hans. Löschhorn

Rede auf Jacob Grimm

REDE
AUF
JACOB GRIMM

ZU SEINER SÄCULARFEIER 1885

IN DER GESELLSCHAFT FÜR DEUTSCHE PHILOLOGIE
ZU BERLIN GEHALTEN

VON

HANS LÖSCHHORN.

BERLIN
IN COMMISSION BEI W. WEBER.
1885

Meine Herren!

Fünfundzwanzig Jahre sind verflossen, seitdem unser Volk, wo auch immer auf dem Erdenrund deutsche Sprache klang und deutsche Herzen schlugen, seinen Schiller gefeiert hat, den Dichter, in dem sich — nach den Worten des berufensten Festredners jener Tage — "die volle Natur des Volks, welchem er angehört, ausdrückt, gleichsam einfleischt, als dessen Genius ihn die Nachwelt anschauen wird, auf den wir Mitlebenden schon mit den Fingern zeigten, weil er unsere Herzen gerührt, unsern Gedanken Wärme und kühlenden Schatten verliehen, einen des Lebens Geheimnisse aufdrehenden Schlüssel gereicht hat."

Und heut nach einem Vierteljahrhundert begehen wir abermals eine Säcularfeier, gedenken wir dankbares Herzens des Mannes, der jene Worte sprach: Jacob Grimms. Nicht ohne Stolz gerade wir; denn auch unserer Stadt gehörte er an, unserer Universität, unserer Akademie widmete er seine Kraft, Berlins Mauern gewährten ihm, dem flüchtigen, Aufnahme, auf einem Berliner Friedhofe hat sein Leib eine Stätte gefunden. Und wenn auch wir selbst ihn nicht mehr gekannt, wenn wir fast neidisch denen lauschen, die von seiner Weise und seinem Wesen zu erzählen wissen, ihn gesehen, zu seinen Füssen gesessen haben, so lebt er doch in uns allen: denn die Wissenschaft, die wir treiben, nennt ihn stolz unter denen, die ihren Grundstein gelegt, und in seinen Werken haben wir alle reichlich seines Geistes Hauch gespürt. So ist er unser, und unsere Stadt muss ihn denen beizählen, deren Fuss sie geweiht zu einer Stätte des Friedens und einem Asyl wissenschaftlicher Forschung für alle Zeit.

Die herrlichen Worte aber, mit denen er am 10. November 1859 in der Berliner Akademie den volksbegeisternden Dichter feierte, wie trefflich passen sie auf ihn, der seiner Nation mit nimmer kargender Hand den Schlüssel reichte die Geheimnisse des deutschen Lebens aufzuschliessen, dessen Persönlichkeit die volle Natur des deutschen Volkstums ausdrückt wie kaum eine zweite, dessen Reden und Schriften auch noch unseren Gedanken Wärme und kühlenden Schatten verleihen.

Worin aber bestehen die Geheimnisse im Leben eines Volkes? Geheimnisse, die sich nur einem Schlüssel lösen, den ein des Zauberwortes kundiger handhabt? die Geheimnisse, die erlauscht sein wollen wie des Waldes Weben von zartfühlendem Ohr und wiederhallen nur im zartbesaiteten Gemüte? die Geheimnisse, die der Erscheinung erklärend zu Grunde liegen, die Blasen und Kreise hervorrufen, welche die Oberfläche erregen und stören? Er selbst sagt uns, dass die jedem

Volke eigentümliche Sprache der Stamm ist, an dem alle seine innersten Kennzeichen sich darthun und entfalten, während ihm in der Dichtung die Blüte seines Wachstums und Gedeihens aufgeht. 'Poesie ist das, wodurch uns unsere Sprache nicht nur lieb und teuer, sondern woran sie uns auch fein und zart wird, ein sich auf sie niedersetzender geistiger Duft.' So sind es denn Sprache und Dichtung, mit denen er anhub, als es galt dem Zuge des Herzens und der Zeit zu folgen und einzudringen in die Geheimnisse unseres Volkstums.

Denn seine und Wilhelms Jugend fällt in die Jahre, da 'die Denkmäler und Überreste unserer Vorzeit einem unbefangenen Sinn besonders nahe rückten'. 'Damals im zweiten Teil des vorigen Jahrhunderts lebten alle Gemüter noch sorglos auf schwankender Decke der Erwartungen, auf flutender See heisser, unsicherer Wünsche. Noch unverhallt war der Jubel, dass Preussens grosser König die Übermütigen zu Paren getrieben und Deutschlands eigene Kraft lebendig behauptet hatte; dann trat die Befreiung Amerikas dazwischen, von Frankreich her am fernen Himmel und immer näher begann der Donner seiner Umwälzungen zu rollen. In der Literatur war auf den enthusiastischen Klopstockischen Zeitraum, der unserer Sprache Adel und Selbstvertrauen eingehaucht, doch mit dem Erhabenen zu verschwenderisch Haus gehalten hatte, Lessings tiefere Einwirkung erfolgt, vor der eine Schar von verjährten Irrtümern die Segel streichen musste, die geistige Unabhängigkeit des Volks war von Grund aus neu gefestigt, auf die Lauterkeit des klassischen Studiums und zugleich auf das heimische Altertum gedrungen, wenn auch nicht mit zureichenden Mitteln. Die Bekanntschaft mit Shakespeare, die Verdeutschung Homers, die Entdeckung Ossians steigerte und verbreitete auf Weg und Steg einen überströmenden Wechsel aller Eindrücke. Kants männlich strenge Philosophie fing an die empfängliche Jugend auch wieder abzutrocknen und ernst zu stimmen. Als nun Goethe und nicht lange hernach Schiller im eigentlichen Sinne dieses schönen Worts erschienen und unter uns wandelten, zeigte sich, wohin ihr Fuss getreten war, lebendige Spur: diese Kraft war noch unbändig und ungeheuer, sie begann sich bei Goethe bald, bei Schiller langsam zu beschwichtigen und dann je länger je mehr ungeahnte Wunder auszurichten. Das aber war vom ersten ihrer Erzeugnisse an nicht zu verkennen und wurde bis in ihre letzten fortgefühlt, dass hier Reichtum der Gedanken, Wärme der Empfindung, Leichtigkeit des Auffassens und ausserordentliche vorher noch gar nicht dagewesene Sprachgewalt zusammentraten.'

In dieser Charakteristik einer glanzvollen Epoche unserer Geschichte, der Jugendzeit beider Grimm, fällt eine Lücke auf, die wir Nachgeborene ungern empfinden. Für uns ist es mehr als Klopstock und Lessing Herders Name, an den sich der grosse Zusammenhang hervorragender Geister knüpft, welchen die Erforschung unseres Volkstums Lebensaufgabe war, deren Verdienst es ist, den Begriff Philologie aus der Enge zu dem Umfang gedehnt zu haben, den er heutzutage behauptet. In diesen Zusammenhang stellten sich die Brüder Grimm: 'nun galt es stille, ruhige Arbeit und Sammlung,' sagt Jacob in der Rede auf den Bruder, 'die Jahre lang nur sich selbst genügen konnten; es waren die glücklichsten Jahre unseres Lebens, in solcher Ruhe, wenn ich hier die Worte eines alten Dichters gebrauchen darf, ergrünte unser Herz wie auf einer Aue.' Damals entstand Jacobs Abhandlung über den Meistergesang und Wilhelms Übersetzung der dänischen Kæmpeviser, 'wobei es auch schon an einleuchtenden Untersuchungen über die deutsche Heldensage nicht gebrach'.

Die Werke Grimms, die der Erforschung der heimischen Sprache insbesondere dienen, sind bekanntlich die deutsche Grammatik, die Geschichte der deutschen Sprache und das deutsche Wörterbuch. Aber neben dies Dreigestirn tritt eine Schar kleinerer Abhandlungen, Recensionen und Auslassungen erweiternd, ausführend und ergänzend, in denen sich nicht weniger als in jenen die Eigenart des Verfassers offenbart. Zeigt sich doch in ihnen ganz besonders seine Fähigkeit aus der Fülle der Erscheinungen das Verwante zu vereinigen, zu gruppieren, an sich und durch sich selbst zu erläutern. So öffnen sich dem Leser tiefe Blicke in das Wesen der Sprache, erschliessen sich ihm die Vorstellungskreise und Anschauungen des sprechenden Individuums, fallen von der Form der Rede, vom Werden und Wandel des Worts Lichter auch in das Wirken der Seele, aus dem sprachlichen ins psychologische Gebiet. Eingedenk dass 'den Wörtern unserer Sprache eine sinnliche Vorstellung vorausgeht, aus der sie entsprungen sind', bemüht er sich den Schleier wegzuheben, den jahrhundertelanger Gebrauch um ein Wort gezogen spinnewebengleich die Anschauung verhüllend, die jenem zu Grunde liegt: so erfährt das Wort des Besitzes, wie es die indogermanische Zunge je gesprochen, weitläufige Prüfung und *zazuma* wie *azumai*, *habeo* wie *capio*, *nimu* wie *gistalda* — sie alle führen in graue Zeiten, wo Eigentum und Besitz sich zunächst auf fahrende Habe, auf Ross und Schaf, später erst auf die liegende, den breiten Grund und Boden erstreckt. Und wenn Frau Aventiure an Beneckes Thür klopft, welche Fülle des Materials, welcher Reichtum der Beobachtung dringt über die Schwelle! Da geht er dem Begriffe nach, den die mittelhochdeutschen Dichter mit *aventiure* verbanden, zeigt er, wie Wolfram, einheimischen wie romanischen Kunstgenossen weit voran, zuerst auf den Gedanken kam den Begriff zu personificieren und redend einzuführen:

Willeh. 5, 4. *Swer werdkeit wil minnen*
  Der lât dise âventiure
  In sinem hûs ze fiure;
  Diu cert hie mit den gesten.

Von Jugend an auf die Ehre unserer Sprache beflissen, musste Grimm auch manchen Schaden herbe empfinden, an dem sie offen und geheim leidet. So durfte er ihr denn auch einen Spiegel vorhalten und mit der Abhandlung 'Über das Pedantische in der deutschen Sprache' auf die Zöpfchen deuten, die sie entstellen. Doch besonders betonen möchte ich schon hier die Rede auf Schiller, in der sein feines Gefühl für dichterische Begabung und Eigentümlichkeit nicht genug zu bewundern ist, wie er denn überhaupt eine eigene Gabe besass fremde Persönlichkeit zu ergründen, Licht und Schatten in ihr auseinander zu halten und so zu unbefangener treffender Würdigung vorzudringen: so gelang es ihm unter den Mitlebenden bei Lachmann, unter den Gewaltigen der Vorzeit bei Bruder Berthold.

Eine Flut grammatischer Forschung drang über uns herein, als Scherers Werk den Damm gebrochen. Hatte es von vornherein einer Reihe Grimmscher Aufstellungen nicht an Widerspruch, an abweichender Begründung gefehlt, so waren doch Material und Methode so durchaus anders geworden, dass eine Umwälzung auf diesem Gebiete unvermeidlich war. Anders geworden war aber auch die Art des Forschens und Arbeitens selbst, und wie hoch wir auch den Vorteil anzuschlagen haben, den die Lautphysiologie unserer Wissenschaft gewährt, — ich weiss nicht, ob die Überhastung, das schnelle Fertigsein mit Urteil und Buch der Ruhe und Besonnenheit der älteren Generation vorzuziehen ist. Wie dem auch sei, die moderne Sprachforschung, anregend, vielseitig, elegant und gewant, ja blendend, wenn auch anspruchsvoll, hat grosse Resultate gefördert, doch die Grundlage der Grimmschen Grammatik nicht erschüttert. Als im Jahre 1818 der erste Band des herrlichen Werkes erschien, da ward der Welt ein handgreiflicher Beweis geliefert,

dass unsere Sprache ein grossartiger nach innerem Gesetz gewordener Organismus ist, war die Möglichkeit geschaffen auf wissenschaftlicher, sicherer Basis willkürlicher Sprachnörgelei wirksam entgegenzutreten und unverständiges Gebahren, das sich auf sprachlichem Gebiet ungestraft glaubte breit machen zu dürfen, in beschämende Schranken zurückzuweisen. So vermochte Grimm selbst, 1819 einer Sprachneuerung Jean Pauls entgegenzutreten, der in zwölf Artikeln des Morgenblattes die Notwendigkeit nachweisen wollte, das in Substantivzusammensetzungen häufig begegnende s auszurotten, ohne doch von den Gesetzen unserer Flexion und Wortbildung eine Ahnung zu besitzen. Wuchtige Worte ruft er dem sonst so verehrten Manne entgegen, wuchtige Worte den Puristen und Sprachreinigern, die er den Schreckensmännern der Revolution vergleicht: 'sie fassen einen Punkt starr ins Gesicht und zerstören, wenn einzelne arme Wörter nicht damit versehen sind, ohne Erbarmen edle und alte Geschlechter von gewisser Form und Zusammensetzung, die sich nicht bequemen wollen, die neue Farbe anzuerkennen'. Consequenzmacherei ohne Tiefsinn nennt Grimm dies Gebahren. Doch die Sprachreiniger im schlimmen Sinne und Sprachverderber sind darum nicht ausgestorben, für sie blieb diese Abfertigung wie die Grammatik ungeschrieben; unsere Tage sehen vielgelesene Schriftsteller auf verderblicher Bahn. Lehrstuhl und Kanzel hallen wieder von störenden und sinnlosen Wortschöpfungen und falschen Formen, und Leute, die sich wunder wie gelehrt und wichtig dünken, führen Buch über die Unkräuter, mit

denen sprachlich unzureichend gebildete Zeitungsschreiber und Büchermacher den Boden unserer Muttersprache besäen. Wo ist Jacob Grimm, um unverhohlen darüber zu klagen? Und für uns ist hinfällig, was ihn noch tröstete: ‚das grosse und gesunde Publikum hat hierin meistens sein richtiges Gefühl behauptet und alle Anmutungen vorüber schallen lassen'.

1848 erschien als Ergänzung der Grammatik die Geschichte der deutschen Sprache, zunächst aus den Forschungen über Jordanes, über Goten und Geten hervorgegangen. Einer wie gewaltigen Aufgabe sich Grimm mit diesem Buche unterzieht, wie ragende Ziele er sich steckt, dessen ist er sich wol bewusst. ‚Jede Wissenschaft hat ihre natürlichen Grenzen, die aber selten dem Auge so einfach vorliegen, wie das Stromgebiet des Bachs, in dessen Mitte nach unsern Weistümern ein schneidendes Schwert gesteckt wird, damit das Wasser zu beiden Seiten abfliesse. Willige Forscher sollen also den verschlungenen Pfaden folgen und bald leichteres, bald schwereres Geschühe anlegen um sie betreten zu können. Wer nichts wagt gewinnt nichts, und man darf mitten unter dem greifen nach der neuen Frucht auch den Mut des fehlens haben. Aus dem Dunkel bricht das Licht hervor und der vorschreitende Tag pflegt sich auf seine Zehen zu stellen. Von der grossen Heerstrasse abwärts liebe ich es durch enge Kornfelder zu wandeln und ein verkrochenes Wiesenblümchen zu brechen, nach dem andere sich nicht niederbücken würden.'

Doch ich halte ein, obgleich sich die Lust

regt die ganze Vorrede auszuschreiben. Mehr noch als im Text stehen wir ja im Vorwort dem Verfasser persönlich gegenüber, hören wir ihn seine eigene Angelegenheit behandeln, und wie gern werden wir unser Ohr neigen und Jacob Grimms Rede lauschen, wenn er von seinem innern Leben spricht? Oder wie gespannt zuhören, wenn er in der Widmung an Gervinus unter dem Eindruck der politischen Ereignisse, der Notwendigkeit einer Einigung der deutschen Stämme das Wort redet, unbefugte Teilung tadelt und jedem Stamm, dessen Ehre die Geschichte uns vorhält, dem grossen Deutschland freudig Opfer bringen heisst. Prophetischer Blicke ist diese Zuschrift voll. Sie schliesst: 'Wie sollte, wenn der grosse Verein sich Binnenmarken setzt, die streitige Halbinsel nicht ganz zum festen Lande geschlagen werden, was Natur, Geschichte und Lage fordert, wie sollten nicht die Jüten zum alten Anschluss an Angeln und Sachsen, die Dänen zu dem an Goten wiederkehren? Sobald Deutschland sich umgestaltet, kann Dänemark unmöglich wie vorher bestehn.'

Die Geschichte der Sprache besteht bekanntlich aus 42 einzelnen Abhandlungen, die, ohne äusseres Band zusammengereiht, doch von innerer Harmonie durchzogen sind. Was das Vorwort andeutet, ist reichlich eingetroffen. Die moderne Forschung hat einen erklecklichen Teil der hier niedergelegten Resultate verworfen, nichts destoweniger behält das Buch einen untilgbaren Wert. Wer vermag zu ermessen, wie weit die hier gegebenen Anregungen wirkten, wieviel Bäche und Flüsse aus den hier fliessenden Quellen Nahrung

zogen, wie viele Bücher ungeschrieben wären, hätte Jacob Grimm diese Arbeit zurückgehalten. Wurzeln nicht in ihr die Arbeiten Victor Hehns, um anderer zu geschweigen?

Innig verknüpft aber ist beider Brüder Name mit jenem gewaltigen Unternehmen, dem ich fast nur die Monumenta Germaniae an die Seite zu stellen weiss und dem keine Nation der Welt ähnliches entgegenzusetzen vermag: das deutsche Wörterbuch. Wenn in England in unseren Tagen eine — man verzeihe den Ausdruck — monumentale Lexicographie beginnt, wenn Frankreich etwa seinen Littré ins Feld führen wollte, so steht das deutsche Wörterbuch beiden der Zeit nach weit voran, das letztgenannte aber weicht ihm an Ausdehnung und innerem Gehalt so, dass ein Vergleich kaum möglich ist. Durch langen persönlichen Umgang ist mir Littrés grossartig angelegte Arbeit bekannt, bekannt wie ein Geschäftsfreund, dem ich im amtlichen Verkehr häufig gegenübertrete, das deutsche Wörterbuch aber ist mein Freund, der neben mir am Kamine seinen Platz hat, mit dem ich Plauderstunde halte, der zu meiner Familie gehört. Keinen freundlicheren Abschiedsgruss vermochte mir das verflossene Jahr zu senden, als das jüngste Heft des Werkes, das mir wenige Stunden vor dem letzten Glockenschlage ins Haus getragen wurde. Dass das Wörterbuch noch lange unvollendet bleiben wird, darf niemanden stören, der aus seinem Fortgang gelernt, wie tüchtigen Kräften es ans Herz gelegt worden, der weiss, wie treu es dem Programm geblieben ist, das die Vorrede vom 2. März 1854 aufstellte. 'Ein Wörterbuch soll ein Heiligtum

der Sprache gründen, ihren ganzen Schatz bewahren, allen zu ihm den Eingang offen halten. Das niedergelegte Gut wächst wie die Wabe und wird ein hehres Denkmal des Volks, dessen Vergangenheit und Gegenwart in ihm sich verknüpft.' Ein Heiligtum ist dieses Buch, ein Parthenon, in dessen Cella der keuschen Göttin unserer Sprache ein Dienst bereitet ist, und in dem der schönste Schatz unseres Volkes gehäuft liegt.

Aber nicht in der Sprache und Dichtung allein erblickte Grimm die starken Wurzeln des deutschen Volkstums: deutsches Recht und deutscher Glaube sind ihm zwei andere gleichwertige Quellen, aus denen ihm das Herzblut unserer Nation entgegensprudelt.

Auf der Universität hatten beide Brüder dasselbe Studium ergriffen, das der Rechtswissenschaft, durch nichts zu ihm hingezogen, als weil der Vater schon, der selbst Jurist war, es so gemeint oder angeordnet hatte. Und keinem von beiden hat die erworbene Rechtskenntnis, nach Jacobs eigenem Urteil, irgend welchen praktischen Gewinn gebracht: für Wilhelm ging das mühsam erlernte spurlos dahin, doch trat Jacob auch in der Folgezeit dem deutschen Recht immer wieder nahe, ja er schenkte seinem Volke zwei hervorragende Werke in den Rechtsaltertümern und den Weistümern. Die ersteren nennt er selbst in dem Zs. f. d. Phil. Band I mitgeteilten Lebensabrisse 'grosser Erweiterung fähig und bedürftig,' aber ich meine, dass es in diesem Werke nicht so sehr auf Vollständigkeit des Materials — und wann liesse sich dies je als abgeschlossen betrachten? — als auf methodische

Gliederung des Stoffes, fassliche und einleuchtende Erklärungen, die auf dem Boden eines vielseitigen tiefen Wissens ruhig und still erwachsen, nicht forsch emporgesprossen sind. Öffnet man das Buch mit dieser Anforderung, so wird man befriedigt, so wird man entzückt sein. Die Weistümer, eines seiner liebsten Bücher, nennt er an demselben Orte noch nicht genug erkannt. Heut würde er nicht so schreiben dürfen, denn überall begegnen wir der eifrigsten Forschung auf diesem Gebiet, gelehrte Körperschaften, wie Private vereinigen altertümliche Grundsatzungen in landschaftlich geordneten Sammlungen. Es wird genügen auf diejenige der Österreichischen Weistümer hinzuweisen.

Grimms Mythologie entstand im vollsten Bewusstsein des Verfassers, dass hier etwas durchaus neues gepflügt wurde, 'dass Rössig und Graeter lauter leeres Stroh gedroschen und eine ganz verkehrte Weise befolgt hatten.' Dass dies neue aber das richtige, dass hier der rechte Weg eingeschlagen worden, hat ein halbes Jahrhundert mythologischer Forschung erhärtet: was seit 1835 und 1844 von Uhland (über Olin, Mythus von Thor) Mannhardt, Kuhn, Müllenhoff, Weinhold u. a. an mythologischer Ausbeute zu Tage gefördert wurde, stammt aus Schächten, die Grimm einst erschloss; und wenn neuerdings der von ihm eingeschlagene Weg verlassen worden ist und schimmernde Constructionen zu Ergebnissen führten, die einen Augenblick wol blenden konnten, so haben Männer, die auf dem Boden Grimmscher Methode stehen, mit gewichtigen Gründen dagegen Einspruch erhoben.

An die Mythologie schliessen sich einerseits einige kleinere Abhandlungen (der Woldan, über zwei entdeckte Gedichte aus der Zeit des Heidentums, seine erste Vorlesung in unserer Akademie; schon mehr über Phol), andererseits erörterte er im Reinhart Fuchs 'das wunderbare Wesen der Tierfabel'; gleichem Streben danken wir die Kinder- und Hausmärchen, deren Lob zu singen überflüssig ist. Es sind das herrliche Resultate, die eine so gut wie neu gegründete Wissenschaft innerhalb eines freilich reich gesegneten Menschenlebens erzielte, eine Wissenschaft, der es sauer gemacht worden ist, die mit Mühe Einlass erlangt hat in den Kreis wissenschaftlicher Forschungen.

So sei mit wenigen rohen Strichen das wissenschaftliche Wirken des gefeierten Mannes umrissen, holzschnittartig allein vermag ich es Ihnen hier vorzulegen; wie viele zarte Schattierungen, wie viele charakteristische Farbentöne liessen sich nicht in sein Bild übertragen — aber überlassen wir das denjenigen, die diese Festzeit mit umfangreicheren Publikationen eingeläutet und einer andächtig verehrenden und lauschenden Gemeinde den verblichenen Meister zu schildern unternommen. Wo indessen von Berliner Germanisten der vierziger Jahre die Rede ist, da fällt das Gespräch auf Karl Lachmann zu allererst, eine Persönlichkeit, so grundverschieden von Jacobs, und doch so fein von ihm gewürdigt. Zweimal erhob sich Jacob Grimm in der Akademie um Heimgegangenen Worte der Erinnerung zu weihen: es waren Wilhelm und Lachmann, und beide Reden sind Meisterwerke der Charakteristik. Unverhohlen

spricht er sich über seine Stellung zu Lachmann aus. 'Versiegte Quellen wieder aufzuthun lag ihm (Grimm) sehr am Herzen, doch so hoch er die Kritik achtet und an Geistern, die für sie ausgerüstet scheinen, bewundert, ihm galt es mehr darum, in dem flutenden Wasser zu baden, als die hineingefallenen Halme und Spreuer wegzuschaffen, die sich entweder von selbst ausstossen oder von tapferen Fegern fortgebracht werden.' (Zs. f. d. Phil. I, 490). 'Man kann alle Philologen, die es zu etwas gebracht haben, in solche teilen, welche die Worte um der Sachen, oder die Sachen um der Worte willen treiben: Lachmann gehörte unverkennbar zu den letzteren und ich übersehe nicht die grossen Vorteile seines Standpunkts, wenn ich umgedreht mich lieber zu den ersteren halte. . . . . Nicht dass es Lachmann an mannigfaltigster Sachkenntnis irgend abging, deren sein ausserordentliches Gedächtnis stets für ihn eine Menge bereit hielt und die ihm bei ausgedehnter Belesenheit täglich anwuchs; allein seit er seinen wahren, eigentlichen Beruf erkannte, hattete bewusst oder unbewusst seine Teilnahme an den Sachen nur insofern er daraus Regeln und neue Griffe für die Behandlung seiner Texte schöpfen konnte, das übrige blieb als störend und aufhaltend ihm zur Seite liegen.' Gegen Lachmanns Auffassung vom Volksepos hatte er Einwände bereit, und seine Stellung zur Nibelungenkritik ist bekannt. Herauszugeben aber lag ihm nur dann nahe, 'wenn etwas seltenes und wichtiges in seine Hand fiel oder ein Text in unmittelbaren Bezug auf eine Hauptuntersuchung lag.' 'Kritische Ausgaben zu bereiten

macht mir, ich gestehe es, eben kein Vergnügen,
ich bin froh, dass es andere thun und nütze ihre
Leistungen.' (I, 174). So ist auch da, wo er
bewusst kritisch auftritt, oft Unsicherheit und Be-
denken die Fülle; er kommt eben von der Sache
zum Wort, und eine vorgefasste Meinung, eine sich
aus anderem Zusammenhang ergebende Auffassung
bestimmt wol seine Lesung.

Am Anfang des Jahres 1893, also nach acht
Jahren, wird sich die philologische Welt zur Säcularfeier Karl Lachmanns rüsten müssen. Nicht
nur wie heut wird die deutsche Philologie ihres
Heros gedenken, die Sprachwissenschaft seinen
Manen den Zoll der Dankbarkeit entrichten, an
jenem 4. März wird vor allen die klassische Philologie an seinen Grabhügel treten und dem grossen
Kritiker einen Palmenzweig spenden. Wird aber
auch dann der preussische Cultusminister die
höheren Lehranstalten anweisen, in den Primen
des Gefeierten nicht unerwähnt zu lassen? Wird
man auf ein Verständnis des Festes in nicht-
philologischen Kreisen rechnen können, es etwa
durch Hinweis auf die Lukrezausgabe, das Neue
Testament, auf Wolfram zu erschliessen suchen?
Was ist ihnen Lukrez! Luther übersetzte Evan-
gelien und Episteln, und in seiner Sprache ver-
nehmen wir sie in Kirche, Schule und Haus.
Der Parzival ist den Leuten ein Buch mit sieben
Siegeln, und der Nibelunge Not lesen unsere Schüler
ja in der Übersetzung. Lachmann lebte und wirkte
für die gelehrte Welt — odi profanum vulgus
et arceo scheint sein Motto — er ist keine Gestalt, die jemals volkstümlich werden kann. Anders

Jacob Grimm. Die diesjährige Feier ist nicht auf die gelehrte Zunft beschränkt; auch die politischen Zeitungen rüsten sich seiner zu gedenken. Von allen Seiten flossen die Beiträge zu dem Hanauer Denkmal; denn alle kennen Jacob Grimm, und wer ihn kennt, der hat ihn auch lieb.

Wer einmal unter den ehrwürdigen Buchen der Rosenborg in Kopenhagen gewandelt, der hat sich jung gefühlt inmitten des Schwarmes sich tummelnder Kinder; denn dort ist ein Kindergarten im eigentlichsten Sinne, und mitten hinein in den Park, mitten hinein in das jauchzende Völkchen haben die Dänen das Erzbild ihres Andersen gestellt, des Kinderfreunds, des Märchenmannes. Wenn wir aber seine Märchen lesen, so haben sie bei allem Wohlaut der Sprache etwas steifes, kaltes. Die Bleisoldaten und Tüllpuppen, die Nähnadel in der Gosse, das Geldferkel — freilich, das amüsiert und fesselt; aber der Humor ist gemacht, die Sentimentalität künstlich, die Kleinmalerei verliert sich in gesuchte Motive — das ist nicht frische freie Kinderlust, nicht ungebundenes kräftig pulsierendes Kinderleben, das erinnert an eine Kinderstube, in der alle Gegenstände wie in den Museen die Aufschrift: N'y touchez pas! tragen. Dagegen die Kinder- und Hausmärchen mit ihren herzerwärmenden, alten sagenhaften Zügen, mit ihren Helden in Erz gepanzert, ihren verzauberten Prinzessinnen, den Drachen und Kobolden, schrecklich vorzustellen, wenn sie auch nicht Augen haben wie Theetassen, ja das ist Fleisch von unserem Fleisch, das ist deutsch bis ins Mark. Kein Wunder! Flossen

sie doch meist aus dem frischen Borne volkstümlicher Überlieferung; nahmen doch, von einer mächtigen Strömung der Zeit getragen, viele der edelsten unserer Nation an der Arbeit Teil. Ich erinnere an die westfälische Familie von Haxthausen, deren Grimmpapiere durch Reifferscheid zugänglich geworden, in der Damen und Herren mit gleicher Regsamkeit und gleichem Verständnis für das schöne Unternehmen tätig waren. Nicht nur eine unverwüstliche Nahrung für die Jugend enthalten diese Märchen, sie bewahren auch einen grossen und der Forschung unentbehrlichen Schatz. 'Dieser Wünschelrutenzweig', sagt Jacob, 'fiel uns in die Hand, und seit wir damit in den Boden geschlagen haben, ist allerorten ein reicher Hort der Sage und Überlieferung an Tag gekommen. Umliegende Völker haben sich beeifert zu sammeln', aber am fröhlichsten ist doch in unserm Vaterlande die Saat aufgegangen, und kühn dürfen sich hier die Namen Schwartz, Mannhardt, Müllenhoff an den der Brüder Grimm anreihen, aber für das Volk, für die Jugend sind sie die Märchenschreiber κατ' ἐξοχήν. — Bist Du der Mann, der alle die schönen Märchen geschrieben? fragte jenes dem Meister unbekannte kleine Mädchen, das einst in Göttingen in sein Zimmer trat; und als er es lächelnd bejahte, legte sie ihm einen Taler in die Hand, an dem sie lange gespart hatte.

Noch fehlt viel, dass das Wörterbuch ein Gemeingut der Nation werden wird. Büchereinkäufe sind der Deutschen schwache Seite, und die schlechten gingen von jeher besser als die guten. Und doch ist es wert ein Volksbuch zu werden, ein

Hausbuch, das im Schranke des begüterten Bürgers nicht fehlen, das ein hochgehaltener, mit weiten Kinderaugen ehrfurchtsvoll angestaunter Schatz des gebildeten Mittelstandes sein sollte wie Schnorrs Bilderbibel, wie Schiller und Goethe. Das sind zwei Werke, die Jacob Grimms Namen — nein beider Grimm, denn sie tragen beide Namen auf dem Titel — hinausgeführt haben weit über die engen Grenzen der Fachgenossen, in breite Schichten unseres Volks. O könnten doch auch unsere Kinder ihre Spiele treiben unter dem kühlenden Schatten deutscher Buchen, behütet von den frommen milden Augen des sanftlächelnden Greises, des Mannes, der die schönen Geschichten erzählt hat.

Was aber bedeuten Werke, wenn nicht eine volle kräftige Persönlichkeit dahinter steht? Die volle kräftige Persönlichkeit des Griechenvolkes verleiht den homerischen Dichtungen ihre Bedeutung, nicht etliche Tausend glatte Hexameter, nicht die Männer- und Frauengestalten als solche, nur als Spiegelbilder und treue Abdrücke der Spuren einer grossen, herrlichen Nation. Was reizt uns bei Tacitus, bei Wolfram, warum versenken wir uns so gern in Molières oder Shakespeares bunte Fabelwelt? Auch Jacob Grimms männliche Persönlichkeit spricht aus jeder Zeile, sein Charakter prägt sich aus in Satz-, ja in Wortformen, seine vielseitige Geisteskraft durchdringt die verschiedensten Stoffe zu harmonischer Gestalt.

Suchen wir aber die mannigfaltigen Züge dieser Persönlichkeit, wie sie Jacob Grimms

Schriften aus entfalten, in einen präcisen Ausdruck zu vereinigen, ihre Spitzen gleichsam zusammenzufassen, so bieten sich zwei hervorstechende Eigenschaften, die mit dem Gelehrten an sich wenig zu thun haben, wol aber seine Stellung im Herzen des Volkes rechtfertigen und erklären werden. Jacob Grimm ist ein Dichter, er ist ein deutscher Mann.

Mancher könnte mit Mistrauen auf den Dichter sehen, der ein Gelehrter ist, vielleicht die Mittelmässigkeit unseres Epigonentums damit begründen, dass allzuviel Gelehrsamkeit, — Archaeologie, Kulturgeschichte in den Köpfen der Autoren spukt und ihre Phantasie lähmt. Andere werden den Gelehrten nicht für voll ansehen, der ein Freund der Muse und der strengen Pallas zugleich sein will — aber Uhland, Rückert mögen diese Zweifel bannen. Auch war Jacob solch ein Dichter nicht, ich weiss nicht einmal, ob er aus eigener Regung Verse geschrieben hat. Was aber den Dichter macht, das besass er aufs Reichlichste:

> Er hatt' ein Auge treu und klug
> Und war auch liebevoll genug
> Zu schauen manches klar und rein,
> Und wieder alles zu machen sein;

er besass Begeisterung für den Gegenstand und Herrschaft über die Form. Ich stehe nicht an die gewaltigen Resultate seines Lebens jenem Enthusiasmus für die Wissenschaft, für die ihn beschäftigenden Fragen zuzuschreiben, der sich in unzähligen Stellen seines Briefwechsels wie seiner umfangreichen Werke kund thut. Und wie sollte auch ein Studium nicht dichterische Begeisterung wecken, das sich auf

dem nie verwitternden Steine der Dichtung selbst anferbaut, seine Kräfte und Säfte aus einem Volkstum zieht, das dichterischer Begeisterung selber voll ist. Poetisch ist das altgermanische Recht, poetisch die Religion, poetisch im eminentesten Sinne des Worts unsere Sprache. Und was er aus ihnen aufnahm in die eigene Brust, das tönt er aus in herrlichen Worten und Sätzen. Schon als Knaben drängte es ihn in sichtbarer Form darzustellen, was seinen Geist beschäftigte; wiederholt spricht er von dem Zeichentalent, das den Brüdern 'von selbst aufgegangen und durch keinen Unterricht gehoben war'. Es scheint dies Talent in der Familie gelegen zu haben, da hernach auch ein jüngerer Bruder Ludwig Emil durch radierte Blätter und Ölmalerei sich rühmlichst hervorgethan hat. Das Streben aber als ein Fremdes, von der eigenen Seele scheinbar Unabhängiges hinzustellen, was sie in ihren Tiefen bewegt und beschäftigt, nennen wir auf poetischem Gebiet episch, und episch wahrhaftig ist Jacobs Art, wenn er in die nebligen Fernen anfänglicher Kultur zurücktaucht, wenn er Wald und Steppe mit Hirten und Jägern bevölkert, ihnen nachgeht in ihrer Beschäftigung und sie belauscht in ihrem Singen und Sagen. Es ist die Sonne Homers, die über einzelnen Kapiteln der Geschichte der deutschen Sprache leuchtet, über 'Hirten und Ackerbauer', 'Vieh', 'Falkenjagd', ‚Glaube, Recht, Sitte' — über den Abhandlungen zum Reinhard: was kümmert es uns, wenn man heut ihre Resultate in Zweifel zieht; der Weg zur Wahrheit führt durch Irrtum, und dankbar wollen wir für die blumigen Schattenpfade sein.

die wir an Jacobs Hand durchwandern. Wenn er der Akademie die Eindrücke schildert, die er auf Reisen in Italien und Skandinavien empfangen, wenn er dem Ursprung der Sprache nachspürt, wenn er Lust und Leid des Alters ausmalt, den Pedanten schildert — dann darf es keiner verneinen, dass hier ein Künstler redet, ein geborner Künstler. Und zeugt es nicht von tiefer dichterischer Empfindung, tiefem dichterischen Verständnis, wenn er Goethes und Schillers Eigenheiten nachgeht, ihnen Gerechtigkeit erweist durch Zuspruch und Abspruch, nicht wie ein moderner Literarhistoriker, der seinen Helden mit Schlagwörtern der Schule totschlagt und ihn in Detailforschung und Materialienströmen ersäuft — sondern mit lindem, sanftem Urteil, aus den Eindrücken allein, welche die Beschäftigung mit ihnen seit früher Jugend in seiner Seele zurückgelassen hat?

Aber ein Künstler ist Jacob auch durch seine Herrschaft über den Stoff, die Sprache. Er forschte ihr nicht nach wie der Anatom, der am Cadaver lernt wie das Leben wol pulsieren mag, sie war ihm auch in ihrer erstarrten Form ein Quell lebendiges Wassers, von dessen Frische und Klarheit sich auch seine Rede erquicken, sein Stil sich läutern liess. Man sagt wol von Versen, dass sie klingen, Harmonie in sich tragen, dass die Melodie sich für sie fast von selbst ergiebt. Genau so ist es mit Jacobs Prosa. Sie reizt mit mächtigem Antrieb zum Lautlesen, sie verliert, wenn nur das Auge sie dem Geiste zuführt. Die Reden auf Schiller, über das Alter, über Etymologie und

Sprachvergleichung, über Schule Universität Akademie, Stellen aus der Einleitung zum Wörterbuch. Kapitel aus der Geschichte der deutschen Sprache sind Muster deutscher Prosa — sind klassisch, und die Schule, für die ja nach altem Grundsatze das beste eben gut genug, sollte sich wenigstens die beiden ersten nicht entgehen lassen und dem ständigen Kanon der Primanerlektüre einverleiben.

Jacob Grimm war ein deutscher Mann. Darauf möchte ich ein ganz besonderes Gewicht legen. Er war keiner von den Schwachen. Was er von Lachmann sagt — es gilt auch von ihm, und darum eben durfte er es sagen: 'Seine das ganze Leben hindurch auf die Freiheit des Vaterlandes, des Geistes und des Glaubens gerichtete Denkungsart bedürfen meiner Anerkennung und meines Preises nicht.' — Mehr als einmal beobachten wir, dass engste Geistesverwantschaft zwischen dem Sohn und der Mutter herrscht, dass zwischen ihnen ein ganz besonders festes Liebesband besteht. Die Liebe zur Mutter erklingt in manchem schönen Gedicht. Jacob spricht von der seinigen wenig, der älteste seiner zahlreichen Briefe ist an sie gerichtet (20. Januar 1805), ohne für seine Stellung zu ihr Erhebliches beizubringen. Aber alles ersetzt und es bezeugt seine Sohnesliebe eine Stelle der ersten Auflage der Rechtsaltertümer, wo er fremde Meinungen über die Bedeutung des Wortes *mater* in einer Rechtsformel mit den Worten abweist: 'Ich aber denke an meine liebe Mutter, Dorothea Grimm.'

Auch darin gleicht er Lachmann, dass er un-

verheiratet geblieben war, aber hier passen seine Worte auf diesen nicht: 'das wurde in seiner letzten Krankheit wehmütig empfunden, wo ihm keine weichen, sanften Hände einer liebenden Frau pflegen konnten', denn liebende Pflege ward ihm von den Hinterbliebenen Wilhelms reichlich zu Teil. Das Verhältnis der beiden Brüder ist einzig in seiner Art. Doppelsterne haben eine besondere Anziehungskraft für die Menschen. Wir sind stolz auf die Freundschaft Schillers und Goethes. Man denkt an die Gleichheit der Naturen, der Gefühle — zwei Herzen und Ein Schlag — und ist sich doch bewusst, dass völlige Übereinstimmung nicht möglich, eine woltätige Ergänzung erwünscht und notwendig ist. In den Gestalten des Kastor und des Pollux scheint mir dies von den Griechen trefflich ausgedrückt. Innigste Bruderliebe atmen die Lebensabrisse, die Freundesbriefe, vor allen die Gedächtnisrede.

'Ich soll hier vom Bruder reden, den nun schon ein halbes Jahr lang meine Augen nicht mehr erblicken, der doch nachts im Traum, ohn alle Ahnung seines Abscheidens, immer noch neben mir ist.'

'So nahm uns denn in den langsam schleichenden Schuljahren Ein Bett auf und Ein Stübchen, da sassen wir an ein und demselben Tisch arbeitend, hernach in der Studentenzeit standen zwei Bette und zwei Tische in derselben Stube, im späteren Leben noch immer zwei Arbeitstische in dem nämlichen Zimmer, endlich bis zuletzt in zwei Zimmern nebeneinander immer unter einem Dach in gänzlicher unangefochten und ungestört beibehaltener Gemeinschaft unserer Habe und Bücher . . .

Auch unsere letzten Bette, hat es allen Anschein, werden wieder dicht nebeneinander gemacht sein . . .

Und als in Göttingen Wilhelm schwer erkrankte, schrieb Jacob an Lachmann:

'Mit welcher Herzensangst ich an jenen schweren Tagen an seinem Tische, an seinen Sachen gesessen habe, wie mich alles rührte was ich ansah, seine Bücher, seine Schrift, die Ordnung und Reinlichkeit worin alles war und der Gedanke, dass alles das mit einem einzigen Schritt verloren sein könnte und mein eigenes Leben in beständiger Trauer und Sehnsucht nach ihm verfliessen müsste; das kann ich nicht beschreiben. Ich kann nur sagen, dass ich Gott heiss gebeten habe und ihm heiss gedankt für seine an uns erwiesene Gnade.' Welch ein Bild endlich entrollen die wenigen Zeilen aus der Rede über das Alter: 'Wie freute ich mich innig im Tiergarten auf meinen Bruder, wenn er plötzlich von der andern Seite herkam, zu stossen, nickend und schweigend gingen wir nebeneinander vorüber — das kann nun nicht mehr geschehen.'

Dass einst unter dem französischen Rocke des jungen Mannes Herz deutsch geblieben, werden wir nicht bezweifeln, zeigt er doch seine Vaterlandsliebe auch im späteren Leben nicht nur durch Worte, sondern auch durch Taten.

'Der Welt bin ich nicht feind und hänge heiss an allem vaterländischen,' schreibt er im Jahre 1840 — und bald darauf: 'Der Himmel helfe und verleihe, dass Preussen einmal das übrige Deutschland belebe und anfeuere, nicht hemme.' Und wie prachtvoll tönt die bekannte Einleitung zur Schiller-

rede aus, wo er von Petrarka und dem Kölner Johannisabend spricht: 'Glocken brechen den Donner und verscheuchen das lange Unwetter. Ach könnte doch auch wie mit jenen Blumen das Unheil entfloss, an hehren Festen alles fortgeläutet werden, was der Einheit unseres Volkes sich entgegenstemmt, deren es bedarf und die es begehrt.'

Zweimal hatte er Gelegenheit auf politischem Gebiete sich als Mann der Tat zu erweisen.

Verfassungen sind Vereinbarungen zwischen Fürsten und Volk, nicht für die Ewigkeit geschaffen, doch heilig gegen frivole Verletzung, sei es von unten oder von oben. Verfassungen sind Formen, die altern und sich abnutzen, die ungeeignet werden für den neuen Geist; dann ist es Zeit sie zu zerschlagen, und ihre Trümmer zum Neubau weise zu nutzen; doch niemand vergesse, dass sie mit Blut gekittet und mit Eiden gefestigt sind. *Vae sunt de vide komm n* schreibt Jacob daher als Motto über seine Rechtfertigungsschrift, als er sich mit sechs Genossen der Georgia Augusta dem elenden Verfassungsbruch Ernst Augusts widersetzte, sein angestammtes Rechtsgefühl sich aufbäumte und ihn zwang, auch in einem Staate, der nicht sein Vaterland war, der Blindheit Licht, der Laune Willen gegenüber zu stellen. Auf der einen Seite ein Fürst, von dem die Blätter der englischen Radikalen behaupteten, dass er ausser dem Selbstmord jedes denkbare Verbrechen auf sich geladen; der dreist bekannte, der Deutsche ertrage ruhig jede Entwürdigung; auf der anderen Seite sieben deutsche Gelehrte, die allein diesem Worte durch die Tat entgegentraten und sich von ihrem Eide

auf die nunmehr vernichtete Verfassung noch gebunden erklärten. 'Der König, der sein wegwerfendes Urteil über die Freiheit deutscher Professoren oft in rohen Worten geäussert, war erstaunt, aber rasch entschlossen, das aufsässige „Federvieh" zu beseitigen. Nach wenigen Wochen wurden die Sieben abgesetzt, ohne dass man auch nur jene wahrlich sehr bequemen Formen achtete, welche der Bundestag für die Entfernung staatsgefährlicher Professoren vorgeschrieben. Dahlmann ward mit Jacob Grimm und Gervinus sogar des Landes verwiesen, weil die Drei ihren Protest brieflich an Verwante mitgeteilt hatten.'[)] Mit militärischer Begleitung passierten sie die Grenze, auf hessischem Gebiete aber begrüssten sie die Hochs ihrer getreuen Studenten; 'die ungeheuere Mehrzahl verleugnete nicht Begeisterung für rechte Tapferkeit, welche der Jugend schönes Vorrecht ist'.

Das war eine Tat, welche die Deutschen, trotz aller geringen politischen Bildung jener Tage, mächtig erschütterte. Herzen und Beutel öffnete, vor allen Dingen aber zeigte, dass noch Männer im Volke lebten, die Adel der Seele, Mut und Entschlossenheit besassen, dass es im Vaterlande Charaktere gab, die nicht nur an wissenschaftliche Aufgaben ihre Kraft zu setzen wussten, denen vielmehr Treue gegen sich selbst und Festigkeit der Überzeugung über alles ging.

Wie Grimm in dem oben angeführten Briefe von 1840, wies David Strauss ein Jahr später auf

---

*) von Treitschke, Historische und politische Aufsätze I°, 385. Danach auch die folgende Darstellung.

die Neugestaltung Deutschlands hin, die von
Preussen kommen müsse; immer allgemeiner wurde
diese Meinung, und Gervinus „Deutsche Zeitung"
bahnte ihr immer breitere Wege. Und als gar
dänische Anmassung unser Anrecht auf die Herzog-
tümer in Zweifel zog, schwoll die Begeisterung
für Deutschland wie für die meerumschlungene
Halbinsel. ‚Von lang anhaltender Wirkung — so
berichtet Treitschke*) — waren unter den beweg-
ten Versammlungen jener Tage nur die beiden von
Dahlmann veranstalteten Germanistentage. Als
im Römersaale zu Frankfurt jener vornehme Kreis
gelehrter Männer zusammentrat, da dünchte es
Uhland, als wollten die alten Kaiser aus ihren
Rahmen springen. Begeistert begrüsste man diesen
geistigen Landtag des deutschen Volkes und leider
bewirkten die Germanistentage, dass später in das
wirkliche Parlament die Männer des geistigen Parla-
ments in allzu grosser Zahl gewählt wurden.'
Ähnlich 1847 in Lübeck. ‚Es war ein Augenblick tiefer Bewegung, als Jacob Grimm dem
Freunde Dahlmann überwältigt in die Arme sank
und sagte er habe niemals etwas so sehr geliebt
wie sein Vaterland. Unschuldige Zeit, da die
Männer im weissen Haar noch schwärmten. Jäh-
lings brach die deutsche Revolution herein; die
Welt brauchte Staatsmänner, nicht Gelehrte.'
Jacob Grimm, der Gelehrte, wurde ins Frankfurter
Parlament gewählt. ‚Ich glaube auch, dass den
Menschen und ganzen Völkern nichts anders frommt,
als gerecht und tapfer zu sein; das ist das Funda-

---

*) a. a. O. S. 406.

ment der wahren Politik.' So hatte er einst geschrieben, und mit diesem Grundsatz trat er ein und kämpfte Schulter an Schulter mit Dahlmann, dem Patrioten, dem edlen Manne. Wol hat Treitschke Recht, Staatsmänner, nicht Gelehrte braucht die politische Welt. Aber die Staatsmänner jener Zeit schienen unzuverlässig, schwankend — so griffen die Gelehrten zum Steuer und lenkten es mit gutem Willen und voller Liebe zum Vaterlande. Die beseelte auch Jacob Grimm. Am Krankenbette des Bruders betet er zu Gott, sein Stücklein Brod wirft er in den Brunnen, geht ins Elend, weil der Eid ihn bindet — das ist Jacob Grimm, der deutsche Mann. Freuen wir uns seiner.